AF321796

SOUVENIRS

DU SAHARA

EXCURSION DANS LES MONTS AURÈS

(CERCLE DE BISKRA)

Texte et Dessins de M. Achille CIBOT,

Capitaine au 3e Chasseurs d'Afrique

ALGER

IMPRIMERIE & PAPETERIE GALMICHE

Rues Dumont d'Urville, 7, et Turgot.

1870

SOUVENIRS DU SAHARA

EXCURSION DANS LES MONTS AURÈS

(Cercle de Biskra)

Une opinion généralement adoptée est celle qui consiste à croire que les *oasis* n'existent absolument que dans le Désert, dans la plaine immense appelée par les Arabes, *Bled el Ateuch* (Pays de la Soif). — Un séjour prolongé à *Biskra*, nous a permis de parcourir les montagnes qui bordent, au Nord et à l'Est, le *Sahara*, et qui renferment, sinon les plus importantes, du moins les plus pittoresques des oasis de la province de Constantine. Aujourd'hui que bon nombre de touristes et de savants accourent, chaque hiver, à Biskra, nous croyons être utile à nos lecteurs en leur faisant connaître l'un des côtés les plus intéressants d'un voyage entrepris au Sahara, côté de l'imprévu et de l'inconnu ! car c'est à peine si une ou deux colonnes militaires ont traversé, au galop, depuis 1844, le pays dont nous allons parler.

Le *Djebel Aurès*, qui se détache du grand Atlas,

à 150 kilomètres de Constantine, prend naissance dans le *Ziban* et se prolonge, à l'Est, jusque dans l'Etat de Tunis. Pour arriver à cette montagne, en partant de Biskra, une route assez bonne, dès le principe, conduit, en deux heures et demie, à *Droh*, petite oasis, de nouvelle création, au sein d'un entonnoir formé par de hautes montagnes arides. Le village de *Droh*, qui possède une petite *koubba* (mosquée), n'a rien de curieux à voir : les jardins sont assez beaux.

Un trajet de trois heures dans la montagne, conduit à l'oasis de *Mchounech*, qui a donné son nom à la tribu qui occupe, dans la vallée de *l'Oued el Abiod* (rivière blanche), quatre villages, qui sont : *El Habbel, Mchounech, Benian, Eddissa.*

Les habitants de cette tribu sont de race berbère ; ils dépendent du caïdat *des Beni bou Sliman.* Ils firent leur soumission, le 15 mars 1844, entre les mains du *Duc d'Aumale*, qui pénétra dans l'oasis de Mchounech, y livra combat à *Si Mohamed Srir ben Si Ahmed ben Hadj*, le mit en fuite avec tous ses contingents et brûla le village. La soumission du Djebel Aurès eut lieu l'année suivante, à la suite de l'expédition du général Bedeau. Néanmoins, plusieurs soulèvements durent être apaisés en 1849 et 1859.

Avant l'occupation française, de sanglantes discordes divisaient les différentes fractions du caïdat des Beni bou Sliman, surtout celle de Mchounech et de Bénian ; c'est ce qui explique le soin qu'avaient les habitants de ces oasis de transporter leurs demeures au sommet des monts et des rochers aux pieds desquels sont les cultures. Les 9/10es du territoire de cette tribu sont impropres à la culture ; les labours ne peuvent donc avoir une grande importance ; ils se réduisent à 15 ou 20 *saa* (1), ensemencés, chaque jour, sous les palmiers et

---

(1) Le *Saa* équivaut à 8 doubles décalitres.

dans les quelques terrains situés sur les bords de l'*Oued el Abiod*, au confluent de l'*Oued el Atrous*, sur le Djebel *Semmer* et dans le *Sahara*. Ces terrains se divisent en trois catégories : *Séguia, Djelf* et *Bour*. On appelle terrains *Séguia*, ceux arrosés par la rivière, l'eau courante ; *Djelf*, les terrains arrosés par les crues, et *Bour*, ceux arrosés par les pluies seulement. Les terres par conséquent situées sur les bords de l'Oued el Abiod sont *Séguia*, celles du Sahara sont *Djelf*, et celles du Djebel Semmer, *Bour*.

. Toutes les terres sont *melk* dans la montagne et *arch* dans le Sahara. Les terrains *melk* jouissent de la faculté d'être constitués, par leurs propriétaires, en *habous* (1) sur la tête de leurs enfants mâles ; ces *habous* ne peuvent être aliénés. Les terrains *arch* sont partagés chaque fois qu'on veut les labourer, et voici comment on procède. Dès qu'on a décidé que tel terrain serait labouré, tous les habitants de la fraction à laquelle ce terrain appartient s'y réunissent. On divise alors, par groupes de huit mulets ou chevaux, les bêtes de somme que les viticulteurs déclarent avoir disponibles pour les labours : celui, par exemple, qui peut faire travailler trois chevaux ou mulets, se réunit à cinq autres qui n'ont, chacun, qu'un seul de ces animaux. Les groupes de huit formés, on divise la totalité du terrain à la corde, en autant de parties égales qu'il y a de groupes, et chacun en reçoit une. Tous les travaux de culture, labours, semences, moissons, dépiquage, se font en commun, et la récolte est ensuite partagée dans la mesure des bêtes de somme que chacun a fournies.

Les troupeaux des petits villages de *El Habbel* et *Eddissa* sont peu nombreux et trouvent par conséquent, pendant toute l'année, autour de ces villages, une nourriture suffisante ; mais il n'en est pas de même de ceux

---

(1) Espèce de majorats.

de *Mchounech* et de *Benian*; aussi les habitants sont-ils forcés d'émigrer dès que la récolte des dattes est terminée. Ils s'en vont, alors, entre le *Guercherich* et le *Zarzour*, où chacun possède un gourbi où un *Afri* (excavations dans les rochers), dans lesquels ils passent l'hiver. Au printemps, ils descendent dans le Sahara, à *Ranim, El Kalifia, Grar Roumia, Mfidet, Netnam, Oued el Guezza*, où ils se construisent de petits abris avec des branches de laurier-rose ou de genévrier. L'été venu, ils gagnent les sommets du *Djebel Semmer* et s'installent dans le voisinage de leurs cultures, les uns dans des gourbis, les autres dans des afri. Ces habitudes de migration ont imposé aux habitants la nécessité d'avoir des magasins pour y déposer leurs récoltes, leurs provisions et leurs effets de toute valeur. Ces magasins se nomment en arabe : *Gala*, pluriel *Gueloa*, et en berbère, *Takalia*. Ils sont situés à peu de distance des villages, sur le sommet de rochers escarpés, ainsi que nous le verrons pour *Benian*, et confiés seulement à quelques gardiens, tellement l'approche en est difficile.

Mchounech possède trois *gueloa* : *Gala Ouled Sliman, Asfel, Ouled Embark*. *Benian* en a trois aussi : *Toukheribt*, qui a trois étages, situé sur un rocher qui borde la rive droite de l'Oued el Abiod; *Ouled Ahmed ben Tefrir*, sur la rive gauche, et *Mrabtin*.

Nous dirons peu de mots du premier village des Mchounech : *El Habbel*. C'est la première oasis que l'on rencontre après Droh. Elle ne compte que 28 familles dés *Beni Ktir*, fermiers de *Si Ahmed bel Hadj*, père de *Si Mohammed Srir*, kalifat d'Abd-el-Kader. Les jardins, situés sur la rive gauche de l'Oued el Abiod, à 15 kilomètres environ, en aval de Mchounech, au point où la rivière tourne brusquement au Sud, pour prendre la direction du Sahara, n'ont pas plus d'un millier de palmiers, quelques figuiers et abricotiers.

Mchounech qui vient ensuite, est une grande oasis appuyée à la montagne de *Ras Semmer*, au pied de laquelle coule la grande rivière de *El Abiod*, si poissonneuse ; c'est sur les bords de cette rivière que sont disséminés les plantations de palmiers et les jardins qui, placés en étage, au moyen de murs d'appui, offrent un aspect des plus riants.

De Mchounech, pour aller à *Benian* (deux heures et demie), il faut traverser la haute montagne de *Ras Semmer* : les chemins sont affreux.

Le village de *Benian*, s'élève en amphithéâtre sur le flanc d'une montagne rocheuse, au pied de laquelle coule l'*Oued el Abiod*. Sur les bords de cette rivière sont de beaux jardins plantés de douze mille palmiers dont plusieurs ont le tronc caché par des vignes qui s'élancent jusqu'au sommet de l'arbre. Il y a aussi quantité de figuiers, abricotiers, pêchers, poiriers et pommiers qui font de ces jardins, pendant tout l'été, un véritable lieu de délices. Rien n'est plus pittoresque que l'assemblage des demeures aériennes des montagnards de Benian ! On dirait de vieilles forteresses démantelées, de vieux châteaux-forts.

En face le village et séparé par la rivière, est un énorme rocher sur le sommet duquel est construite la *Gala* (magasin) de *Toukheribt*, à trois étages renfermant les provisions et objets précieux de la fraction des Ouled Assès.

Le quatrième village des Mchounech, *Eddissa*, est situé à deux kilomètres au Nord de Benian, sur un rocher, à l'angle Sud-Ouest d'un petit plateau dont les escarpements bordent la rive gauche de l'oued Eddissa. Les jardins de l'oasis, plantés de mille cinq cent palmiers et d'un grand nombre d'arbres fruitiers, s'étendent, dans le lit de la rivière, sur l'une et l'autre rive.

En quittant *Benian*, on escalade une montagne

abrupte et, deux heures après, on arrive aux *Ouled
Yaya*, village bâti comme un nid d'aigle, sur le sommet
d'un roc de cent mètres d'élévation. au pied duquel
coule l'Oued Abiod. L'oasis s'étend dans la rivière à
une grande distance. Les palmiers sont fort beaux.

Les *Ouled Yaya* font partie de la tribu de *Rassira*
qui comprend douze villages obéissant à six cheiks.
Presque tous ces villages sont sur les bords de l'oued
Abiod. Les habitants, d'origine berbère, admettent
pourtant une fusion avec l'élément romain laissé dans
le pays, ce qui fait que la tribu renferme deux branches
bien distinctes et nettement séparées. La branche de
l'Est (Ouled Alloua) s'est formée de l'élément autoch-
thone de l'endroit même qu'elle habite, fondu, l'an 27
de l'hégire, avec l'élément romain, laissé dans le pays.
Selon la tradition locale, le chef de cette branche serait
un Romain, un chrétien même qui. en se convertissant
à l'Islamisme, prit le nom de *Sellem*. La branche de
l'Ouest (Ouled el Hadj Ouazini), a pour père un Musul-
man, un saint pélerin appelé *El Hadj Ouazini*, berbère
qui habitait le village de *Thouts*, situé chez les *Beni bou
Sliman*. La tradition ne dit pas autre chose de la migration de ce saint homme, chassé sans doute de son
pays au moment de la grande irruption arabe. On sait,
en effet, que *Thouts* fut pris au XI\e siècle, par un cer-
tain Arabe nommé *Ahmed ben Amar*, venu de l'Ouest.
Quoiqu'il en soit, aujourd'hui les descendants du
Romain converti et les fils du saint Ouazini for-
ment un tout homogène et n'ont plus qu'un vague
souvenir de leur origine séparée.

L'occupation romaine a laissé des traces nombreuses
dans la tribu de *Rassira*. On en voit des restes sur les
deux rives de l'Oued el Abiod et notamment sur l'em-
placement actuel des villages des *Ouled Idir bou Akhaz*,
du pays de *El Arich* des *Ouled Abed*. Dans le défilé de

Village & Oasis des Ouled-Yaya

Tiranimin, on peut lire l'inscriptton suivante très bien conservée, gravée dans le roc même et nous apprenant qu'une route (celle de Lambèse à Biskra) avait été faite, dans ce défilé, sous les règnes d'*Antonin le Pieux* et de *Marc Aurèle*, par la VIᵉ Légion.

Voici l'inscription :

IMP. CÆS. T. ÆTILIO. HADRIANO. ANTO.

NINO. AUG. PIO. PP. IIII. ET. M. AURELIO.

CÆSARE. II. PER. PRASTINA. CONS. MES.

SALINUM. LEG. PR. PR. VEXIL. LEG.

VI. FERRA. VIA. FECIT.

Les Romains furent chassés du pays, suivant une tradition locale, par un grand chef arabe, nommé *Abdallah*, qui pénétra dans la vallée d'*El-Abiod* par le défilé de *Tiranimin*, appelé encore aujourd'hui *Foum Abdallah* (bouche d'Abdallah). Ce ne fut plus, dans les monts Aurès, depuis cette époque, qu'une ère de luttes sanglantes, jusqu'à l'arrivée des Turcs et même jusqu'à celle des Français. C'est au printemps de 1845 que le général Bedeau fit une première expédition dans les Aurès. Nous trouvons les *Rassiras* prenant une part très active au combat de *Bou Hamana*, à la suite duquel ils ne tardent pas à faire leur soumission. Dans la révolte de 1849, de l'Aurès méridional, les *Rassiras* fournissent à *Si Abd el Afid* une partie des fantassins qui se firent battre au combat de *Sériana*, dont le résultat fut une nouvelle soumission de ces terribles montagnards. Tranquilles pendant une période de 10 années, ils se laissent, en 1858, entraîner à la révolte, à la voix du marabout *Si Saddok*, dont la prise (17 janvier 1859) par le général Desvaux, fit naturellement tomber l'insurrection. Une forte contribution de guerre et la destruction complète du village de *Roufi*, fut la punition infligée aux *Rassira* qui, depuis cette époque, n'ont plus bougé.

Les villages des *Rassira* ne sont guère habités que pendant l'automne. Dès que la récolte des fruits et des dattes est faite, les indigènes s'en vont passer l'hiver dans des *Afri* ou cavernes, situés au milieu des rochers sur lesquels paissent leurs chèvres. Au printemps ils gagnent les sommets du *Djebel Semmer* où les pluies ont fait naître sur les *atils* (champs cultivés l'année précédente et laissés en jachère) un peu d'herbe. Les Rassira faisaient, autrefois, un grand commerce de poudre et salpêtre qu'ils fabriquaient dans les grottes et cavernes de *Alh Roufi*; aujourd'hui que ce commerce a cessé par ordre de l'Administration française, les indigènes se contentent de cultiver leurs palmiers (chez les Ouazini) et leurs jardins (chez les Alloua).

Depuis le village des *Ouled Yaya* jusqu'à *Tarit*, la route se fait dans la rivière, dont le lit, bordé de plantations de palmiers, est encaissé par une suite, non interrompue, de rochers de deux à trois cents pieds de hauteur. Dans maints endroits ces rochers sont tapissés de vignes magnifiques qui produisent d'énormes et excellents raisins muscats. Dans le flanc de ces rochers sont de nombreuses excavations et cavernes qui servent d'habitations : on y parvient, avec les plus grandes difficultés, en suivant des sentiers de chèvres ou bien au moyen d'échelles de cordes que l'on retire ou fait descendre, suivant les besoins.

Les villages et les gueloa sont toujours situés sur les sommets les plus abruptes, accessibles seulement d'un seul côté. C'est ainsi que l'on peut voir, tantôt sur la rive droite, tantôt sur la rive gauche, les *Ouled Mansour*, les *Ouled Mimoun* et les ruines de *Roufi*, dont les habitants furent disséminés, après la prise de *Si Saddok* dans les villages des *Ouled Ouazini*, avec défense d'habiter leurs anciennes cavernes.

Bientôt après *Roufi*, les rocs gigantesques disparaissent pour faire place à des montagnes qui permettent au lit de l'oued Abiod de s'élargir. Alors apparaissent, sur les deux rives, placés sur des mamelons dénudés, plusieurs petits et misérables villages des Ouled Abed, bâtis sur les ruines d'une grande ville romaine, à en juger par les énormes blocs de pierre formant, encore debout, les assises de monuments nombreux, et, aussi, par les tronçons de colonnes rondes d'un grand diamètre. Au milieu de ces ruines, où l'on ne trouve aucune inscription, les indigènes cultivent un peu de millet et d'orge. Ainsi là où les Romains avaient sans doute d'immenses cultures autour de leur grande ville, leurs descendants n'ont plus, pour vivre, qu'un peu d'orge, de millet et de fruits.

Pendant une heure et demie, après avoir quitté le territoire des Ouled Abed, on cotoie la rivière pour arriver à *Tarit*, où quelques palmiers et quelques jardins plantés de vignes grimpantes et de figuiers égayent encore le paysage.

Ici, nous abandonnons la région des palmiers pour celle des jardins et des cultures d'orge dans la montagne. Nous quittons en même temps la tribu des *Rassira* pour entrer dans celle des *Beni bou Sliman* qui ont la même communauté d'origine.

Le premier village dans lequel nous entrons, après une heure et demie de marche, est celui de *Tkouts*, assis sur le flanc d'une montagne, au milieu de jardins étagés les uns sur les autres et entouré de cultures de maïs arrosées par la belle fontaine d'Aïn *Kheddura* qui se trouve au sommet du village. Elle sort à grands flots d'un énorme rocher. *Tkouts* est renommé pour sa mosquée qui renferme le tombeau du saint pélerin *Ouazini*. Dans les environs, non loin de la maison du caïd *Si Mihoub*, on a trouvé des ruines romaines.

Les femmes de ces régions montagneuses ont conservé un beau type romain. Elles ne cachent pas leur visage, ainsi que le font presque toutes les femmes arabes, devant un étranger. Elles désirent être vues, car elles ont conscience de leur beauté. Leur costume, qui consiste en une longue draperie de laine blanche rayée de rouge, est très pittoresque.

En quittant *Thouts,* la route s'engage dans la montagne un peu boisée (pins et chênes verts). Au bout d'une heure, on arrive sur les grands coteaux de *Scraha*, cultivés par la tribu des *Beni Melken*. On entre ensuite, en plein, dans la haute montagne de l'*Amar Khaddou* (montagne à la joue rose), dont le nom vient d'un escarpement rouge qui, vu de loin, a des reflets splendides; par suite, ce même nom a été donné à toute la montagne et à tout un groupe de tribus disséminées sur sa surface.

Après trois heures de marche dans ces montagnes boisées, nous arrivons à *Djemina,* village perché au sommet d'un roc élevé formant l'entrée d'une brêche qui laisse loin derrière elle cèlle du Rhummel, à Constantine, comme grandeur et pittoresque. On ne peut monter au village et en descendre, qu'au moyen d'échelles de corde. C'est dans cette brêche de *Djemino*; dans des cavernes creusées par les eaux torrentueuses de l'*Oued Mansaf,* qui s'y précipitent avec furie dans la saison des pluies, que les gens de l'*Amar Khaddou* fabriquent encorè, en cachette, de la poudre et du salpêtre.

A partir de *Djemina,* nous descendons les pentes de l'*Amar Khaddou* pour entrer dans le Sahara, laissant à gauche de la route, le Djebel *Taghetious*, pour arriver par un sentier en zigzag très rapide au village de *Kbaich*, qui s'élève en amphithéâtre sur les flancs d'un rocher au pied duquel coule l'*Oued Mansaf*. C'est à *Kbaich* que le dernier bey de Constantine, *Hadj Ahmed*, s'était réfugié sous la protection des *Ouled Abderraman*. Pressé d'un côté par le colonel Canrobert, et de l'autre par le trop regrettable commandant de Saint-Germain, l'infortuné bey se rendit, à ce dernier, le 7 juin 1848.

Il y a deux heures de *Kbaich* à la petite oasis de *Ksar* : le chemin est pierreux, dans des montagnes arides. Une demi-heure avant d'arriver à *Ksar*, on passe près d'une gorge profonde pratiquée entre deux rocs élevés sur l'un desquels se voient les ruines d'un village appelé *Tabentout* : on y arrivait au moyen d'un pont-levis jeté du roc sur le roc voisin.

Le village de *Ksar* est détruit depuis l'assaut qu'il subit le 17 janvier 1859 : *Si Saddok* s'y défendait contre une colonne commandée par le général Desvaux.

Tout autour de l'oasis, ce ne sont que montagnes arides, qu'il faut traverser pendant quatre heures avant d'arriver à *Oulach*, en passant par la petite oasis presque abandonnée de *Madjina*. Le village de *Oulach* paraît assez misérable ; mais les jardins situés sur l'*Oued Mansaf* sont nombreux et bien cultivés par les *Ouled Abderraman*.

Au sortir de *Oulach*, on voyage encore quelque temps dans la montagne et dans le lit desséché de plusieurs torrents sur les bords desquels sont disséminés, çà et là, quelques palmiers et la petite oasis du *Mizal*. Bientôt, on entre dans le Sahara, apercevant aussitôt à l'horizon, la grande et riche oasis de *Sidi Obka*, avec ses soixante mille palmiers; plus loin, l'oasis de *Seriana*; à gauche, celle de *Aïn Naya*; à droite, *Garta*, *Biskra* et enfin toutes les oasis du Ziban, renfermant plus d'un million de palmiers !

ALGER. — IMPRIMERIE-PAPETERIE GALMICHE.